QING SHAO NIAN KE XUE TAN SU

青少年科学探索

奥秘世界谜团

李 勇 编著　丛书主编 郭艳红

史前科学：惊叹的文明

汕头大学出版社

图书在版编目（CIP）数据

史前科学：惊叹的文明 / 李勇编著. -- 汕头：汕
头大学出版社，2015.3（2020.1重印）
（青少年科学探索营 / 郭艳红主编）
ISBN 978-7-5658-1649-9

Ⅰ.①史… Ⅱ.①李… Ⅲ.①远古文化－世界－青少
年读物 Ⅳ.①K11-49

中国版本图书馆CIP数据核字(2015)第026338号

史前科学：惊叹的文明　　　SHIQIANKEXUE：JINGTAN DE WENMING

编　　著：李　勇
丛书主编：郭艳红
责任编辑：邹　峰
封面设计：大华文苑
责任技编：黄东生
出版发行：汕头大学出版社
　　　　　广东省汕头市大学路243号汕头大学校园内　邮政编码：515063
电　　话：0754-82904613
印　　刷：三河市燕春印务有限公司
开　　本：700mm×1000mm 1/16
印　　张：7
字　　数：50千字
版　　次：2015年3月第1版
印　　次：2020年1月第2次印刷
定　　价：29.80元
ISBN 978-7-5658-1649-9

前　言

　　科学探索是认识世界的天梯，具有巨大的前进力量。随着科学的萌芽，迎来了人类文明的曙光。随着科学技术的发展，推动了人类社会的进步。随着知识的积累，人类利用自然、改造自然的的能力越来越强，科学越来越广泛而深入地渗透到人们的工作、生产、生活和思维等方面，科学技术成为人类文明程度的主要标志，科学的光芒照耀着我们前进的方向。

　　因此，我们只有通过科学探索，在未知的及已知的领域重新发现，才能创造崭新的天地，才能不断推进人类文明向前发展，才能从必然王国走向自由王国。

　　但是，我们生存世界的奥秘，几乎是无穷无尽，从太空到地球，从宇宙到海洋，真是无奇不有，怪事迭起，奥妙无穷，神秘莫测，许许多多的难解之谜简直不可思议，使我们对自己的生命现象和生存环境捉摸不透。破解这些谜团，有助于我们人类社会向更高层次不断迈进。

　　其实，宇宙世界的丰富多彩与无限魅力就在于那许许多多的难解之谜，使我们不得不密切关注和发出疑问。我们总是不断地去认识它、探索它。虽然今天科学技术的发展日新月异，达到了很高程度，但对于那些奥秘还是难以圆满解答。尽管经过古今中外许许多多科学先驱不断奋斗，一个个奥秘被不断解开，推进了科学技术大发展，但随之又发现了许多新的奥秘，又不得不向新问题发起挑战。

宇宙世界是无限的，科学探索也是无限的，我们只有不断拓展更加广阔的生存空间，破解更多的奥秘现象，才能使之造福于我们人类，我们人类社会才能不断获得发展。

为了普及科学知识，激励广大青少年认识和探索宇宙世界的无穷奥妙，根据中外最新研究成果，编辑了这套《青少年科学探索营》，主要包括基础科学、奥秘世界、未解之谜、神奇探索、科学发现等内容，具有很强系统性、科学性、可读性和新奇性。

本套作品知识全面、内容精炼、图文并茂，形象生动，能够培养我们的科学兴趣和爱好，达到普及科学知识的目的，具有很强的可读性、启发性和知识性，是我们广大青少年读者了解科技、增长知识、开阔视野、提高素质、激发探索和启迪智慧的良好科普读物。

目 录

珍贵的史前人类化石

六千五百万年前的化石

在美国得克萨斯州的瑞拉克西河河床中发现了生活在6500万年前的恐龙的脚印。令考古学家们惊奇的是在恐龙脚印化石旁0.45米的地方，发现了12块人的脚印化石，甚至有一个人的脚印迭盖在一个三指恐龙脚印上。

把化石从中间切开，发现脚印下的截面有压缩的痕迹，这是仿制品无法做到的，显然不是假冒的。

另外在附近同一岩层上还发现了人的手指化石和一把人造铁锤，有一截手柄还紧紧留在铁锤的头上。这个

铁锤的头部含有96.6%铁，0.74%硫和2.6%氯。这是一种非常奇异的合金。现在都不可能造出这种氯和铁化合的金属来。一截残留的手柄已经变成煤。要想在短时间内变成煤，整个地层要有相当的压力，

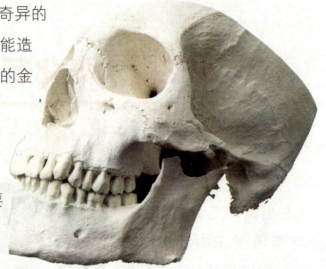

还要产生一定的热量才行。如果锤子是掉在石缝中的，由于压力和温度不够，就不存在使手柄煤化的过程。这说明岩层在变硬、固化的时候，锤子就在那儿了。发现人造工具的岩层和恐龙足迹所在岩层是一致的，而其他岩层都没有恐龙足印和人造工具。这说明人类和恐龙的确曾生活在同一时代。

发现不同年代的化石

1913年，德国科学家在坦桑尼亚峡谷发现一具完整的现代人类骨骼，它处在约100万年前的地层中。

西班牙古生物学家在该国北部布尔戈斯省阿塔普埃卡山区，发现了30万年前的史前人类骨盆化石、股骨以及一些石制工具。

1965年，考古学家在肯尼亚的发现一件经鉴定为400万年前的人类上臂肱骨化石。美国加州大学的教授称，此肱骨和现代人的肱骨几乎没有任何差别。

1972年，在肯尼亚的一个湖中发现的大腿骨化石几乎和现代人类形态十分相似，其年代是在200万年前。

　　1976年，考古学家在非洲坦桑尼亚北部、东非大裂谷东线，一个叫利特里的地方发现了一组和现代人特征十分类似的脚印，这些脚印印在火山灰沉积岩上，据放射性测定，那火山灰沉积岩有340万年至380万年的历史。脚印共两串，平行紧挨着分布，延伸了约27米。

　　从这些足迹可以明显地看出，其软组织解剖特征明显不同于猿类。重力从脚后跟传导，通过脚的足弓外侧、拇指，最后传导到大脚拇指，大脚拇指是向前伸直的，而猩猩及南方古猿直立行

走时，重力从脚后跟传导，但通过脚的外侧传导至脚中指，并且大脚拇指向侧面伸出。

发现史前小巨人

2010年9月7日，中科院地球环境研究所研究人员发现一具身高为1.93米的人类骨骼遗存，这是在目前发现的史前人类化石中个体最完整也是身高最高的。这具史前个子最高的人类化石，是由中科院地球环境研究所祝一志研究员、陕西省考古研究所杨亚长教授共同在陕西省商南县过风楼遗址发现的。

形态学研究表明，该人骨为男性，年龄约16岁至18岁，体质

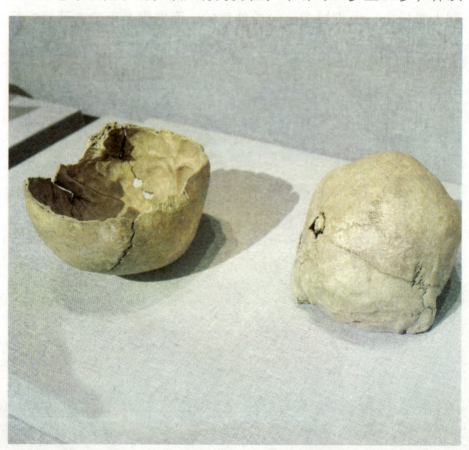

特征与现代南亚蒙古人种最为接近。研究人员对这一人类骨骼进行了详细的研究，结果显示该古人类生活在4200年前龙山文化时期，与周边出土陶器的时代可以进行良好对比。这具龙山文化晚期的"小巨人"遗骸的发现，无疑为我国史前人类的"体质人类学研究"提供了宝贵的材料。

据祝一志研究员介绍，目前还有一些疑问不得其解：

其一，由于从"小巨人"遗骸上看不出生理性病变的任何迹象，因此像小巨人这种身高是否属于正常？抑或是一种病

理现象？

其二，小巨人年纪尚轻，但其死因尚不清楚。

其三，小巨人头骨右侧顶骨上有3个钻孔，显然是有意为之，但是当时钻孔的真正用意是什么？他们推测当时的医生已经进行头部手术治疗。

宜兴首次发现史前骨化石

2010年，在江苏省宜兴竹海深处，一个巨大的地下溶洞正在发掘。截至12月19日，溶洞平行发掘延伸长度超过200米，并出现与主洞相连的5个侧向旁支洞穴。在溶洞清淤和掘进过程中，首次发现史前骨化石，以及史前人类生命活动痕迹，江苏省有关地质专家初步认为洞顶岩石的形成起码已有3亿年，从溶洞平整度和

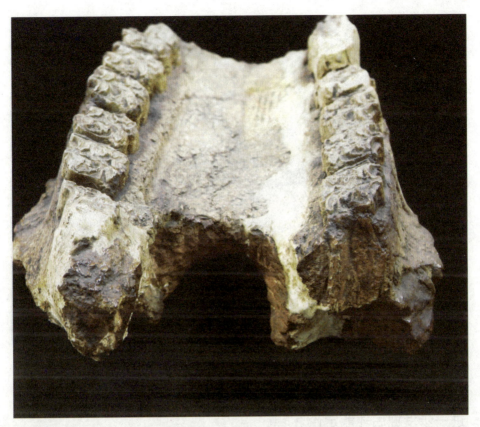

延伸长度分析，国内地下溶洞罕见其例。

　　施工人员在距洞口约150米处的一个支洞洞口处，发现了20多块骨化石，它们看上去像头盖骨、牙齿、四肢骨等。这些骨化石，外表大多呈白色。四肢骨看上去特别粗壮，牙齿表面洁白光滑，每粒牙齿宽约4.5厘米，高约2厘米。

　　景区管理处方面请无锡市考古研究所专家到实地进行了考证，考古人员初步判断它们至少是1000万年以前的动物或人类化石，如果古洞里发现的骨化石属于大型远古动物，说明当时的溶洞空间很大。

　　因为几万年前的旧石器时代，人类使用的是石器，很难在野

外把猎获的大型动物分割，有些动物是活着弄进古洞的。但这一切都属于推测，这些远古骨化石的来源是否有其他原因，要等到进一步发掘后才能定论。

延 伸 阅 读

　　1998年5月，在澳大利亚新南威尔士州的芒古湖威兰卓湖附近发掘出26000年前的135件人类骨骼、壁炉等史前古器物。在芒古3号坑出土了一具完整的30000年前的男子骨架化石，涂抹着赭石染料，手臂叠放在胸前，是按照葬礼仪式埋葬的。

远古的巨人和矮人骨骼

有关出土巨人的记载

1876年和1912年，在北卡罗来纳和威斯康星两地先后发现了数十具身高达2.6米的骷髅。

1895年，一些矿工在美国加利福尼亚发现了一具远古的男干尸，身高达2.4米。

1898年，美国哈佛大学的古生物学家在同一地区发现了一具

身高2.5米的女性骷髅。

1930年，在墨西哥北部还发现了一个远古墓地，那里有数百个墓葬，死者平均身高2.6米。

而1970年在中非发现的一片已有20000年历史的古墓地里，有70具身高达2.85米的男性骷髅。美洲大陆也不乏这种令人惊异的发现，尽管大家都知道，原属蒙古种族的美洲印第安人平均身高只有1.6米。

1978年，在比利时的佛兰德发现了两具30000年前的人体骷髅，一具为女性，身高2.38米；另一具是男性，身高2.5米。还有陈列在开罗国家博物馆的拉姆西斯法老二世的木乃伊，身长近3米。

1982年，一个考古学家小组在苏联境内发现了一具3000年前的女性骷髅，这具骷髅如今陈列在圣彼得堡的一家博物馆里，其身高竟达2.7米。这样高大的人，并且如此之多，地球上的人是很难达到的。

1983年春，在德国的威斯特巴伐利亚州泽斯特市附近的一个大片墓地里，发现了大约2000具骷髅，平均身高为2.3米，还发现了一位军事统帅的墓葬，他的身高竟达3米。

发现身材矮小的人

在世界的其他一些地方，同时又发现了一些身材非常矮小的人。1976年10月，墨西哥《至上月刊》杂志报道了罗密欧·瓦伦西在墨西哥首都附近的采石场发现了一具类人科动物骷髅。

这具前所未见的奇特骷髅身材比较矮小，脊柱上没有肋骨，肩胛骨平整，背部十分突出，还有一些似乎是上臂的骨节。所有的骨头中心都有小孔，里面原先可能有血管和神经系统。颅腔为

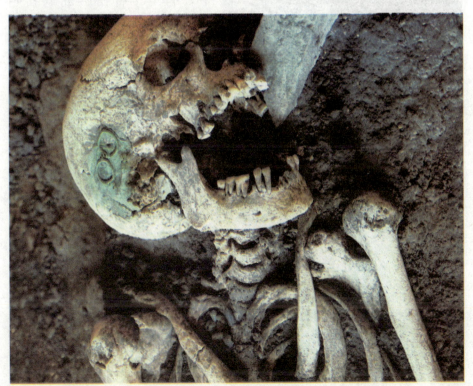

圆形，但没有眼眶，与狗的颅骨相似，只有一种骨管。

墨西哥城人类学博物馆馆长拒绝透露详情，也不愿意下最后的断言。但法国和美国的专家们都认为它不是地球上的生物，这大概又是某外星人种。

巨人岛之谜

在太平洋的一个遥远群岛中，有一个神秘的岛屿名叫马提尼克岛，岛上有着非常奇怪的现象，不仅当地居民们一个个身材高大，就是到岛上定居的外地人，哪怕是成年人，也会毫无例外地长高几厘米。

有一位记者游览了该岛后这样描述：来到这里，好像进入了童话世界，男人们高两米多，10多岁的男孩都比岛外的普通成年人高，我在他们眼里，好像是从小人国来的。人们都围着我用惊奇的眼光向下看，好像我是立在地上的一个小人。

为什么岛上会有这种奇怪的现象？一些科学家认为，是由于这个海岛的地下埋藏着大量的放射性矿物。这种放射性物质能使人体内部机能发生某种特别的变化，从而使人身体增高。也有一些科学家发表了另一种观点。他们认为，这里地心引力小是使人长高的原因。因为，苏联两名宇航员在"礼炮2号"联盟号轨道复合体居留半年之后，每人身高都增加了3厘米，就是失重和引力小的结果。

遗憾的是这两种理论都没有足够的证据让人折服。这个自然之谜似乎是摆在人类面前的一个难题，等待着我们去进一步地解答。

　　如果放射性物质作用于人体会使人长高，为什么长年生活和工作在放射性物质旁边的人不见长高，如果引力小能使人长高，为什么地球上引力小的地方却没有形成第二个巨人国？

延　伸　阅　读

　　马提尼克岛，位于安的列斯群岛中的向风群岛的最北部。是向风群岛中最大的、多火山的和风景如画的岛屿。比北京时间晚12小时。它的原名叫"马地尼那"，含义是"花的岛"。1502年，西班牙航海家哥伦布在他第三次航行中，来到了马提尼克，并且将其宣称为西班牙王室所有。

长耳人是从哪里来的

复活节岛上的小雕像

谁也不知道复活节岛上最早的土著长得什么样子，但岛上的毛阿依·卡瓦卡瓦小雕像却有可能使我们看到复活节岛早期居民的容貌。

毛阿依·卡瓦卡瓦是一种男性木头小雕像，只有0.3米高，雕像上的人身体消瘦，肋骨外突，腹部凹陷，长着长耳朵，留有一撮山羊胡子。一些国家的博物馆中，至今还保存着这些用光滑坚硬，闪闪发光的托洛米洛木制成的小雕像。

小雕像是什么呢

有人认为，小雕像表现的是经过漫长而又艰难的海上航行后到达复活节岛的最早居民，但复活节岛人却加以反对，因为岛上的神话传说，第一批迁徙者的身体都很健壮，并且又带着足够的食品。也有人认为，这些木雕像是木头傀儡玩具和为死人雕刻的纪念像，雕像上人物那消瘦的面容和颈部肿大的甲状腺，表明他们患有内分泌失调的疾病，而鹰钩状鼻子、外露的牙齿和异常的脊椎骨，又表明他们曾受到某种光线的强烈照射。

岛上的其他小雕像

除了毛阿依·卡瓦卡瓦小雕像外，岛上还有其他形状的小雕像。有一个身体消瘦的女性小雕像叫毛阿依·帕阿帕阿，它酷似男性小雕像，长着一小撮山羊胡子。此外，还有长着两个头的小雕像——毛阿依·阿利思加以及人身鸟头的坦加塔·玛努人鸟像，还有鱼、鸟等许多动物的小雕像。这些独特的木雕像几乎岛上每个居民家中都有。

第一个来到复活节岛的西方传教士埃仁·埃依洛说："有时我们看到他们把小雕像举到空中，做出各种手势；同时边跳舞边唱着一些毫无意义的歌。我认为，他们并不了解这样做的真正含义，他们只不过是在机械地重复他们从父辈那儿看到的一切而已。如果你去问他们，他们这样做是为什么，他们会告诉你说，这是他们的习惯。"

长耳人是何时来岛上的

我们从大雕像上可以看到，岛上的早期居民有着一对长长的大耳朵。海尔达尔于20世纪中期曾在岛上看到

过头领彼德洛·阿坦的肤色同欧洲人完全一样，他就是唯一的一个幸免于难的"长耳人"后裔。

对复活节岛的古昔往事很了解的著名旅行家基利莫齐断言，新的长耳人是同霍多·玛多阿一起来的，但有人却反对，认为他们不是同霍多·玛多阿一起来的，而是稍后同一位名叫图乌科·依霍的首领一起来的。当时在场的一个复活节岛妇女却对这位研究者说道："不要相信他们，他们什么也不懂！"

那么，长耳人又是谁呢？复活节岛人向来就有把耳朵拉长的习惯。最先发现复活节岛的罗格文上将，他的同行者别列恩斯特看到，某些岛民的耳垂一直拖到肩部，还有的人耳垂上挂着特别的耳饰——白色的圆饼形耳饰。与复活节岛相距数千千米的美拉尼西亚人也有这种习俗，南美印加人的神也有长耳垂，马克萨斯群岛古代居民的耳朵也很长。

把耳垂拉长的习惯从哪儿来的呢

印度迈索尔有一座30米高的花岗岩石雕像——戈麦捷什瓦拉，它于938年完工，比复活节岛的最大雕像还要大，其耳垂一直拖到肩上，是一位名副其实的长耳人。

印度南部著名的水彩壁画和马哈巴利普拉罗庙宇的壁画以及浮雕上的所有人物，也都是长耳人，长长的大耳朵上还悬挂着各种耳饰。在印度，长耳是佛的特征之一，所有的菩萨塑像都有着长长的耳朵。

在印度，不仅佛有长长的耳垂，诸神也是长耳人。在离孟买不远的象岛上，有一座洞穴庙宇，印度的三大圣人——波罗吸摩、毗瑟奴和湿也都有长长的耳朵。大量的化身、佛教中的导师、圣徒和教会中的人物，甚至连凶神恶煞，也都有着长耳朵。

东南亚各部族也有把耳垂拉长的习惯。很可能，波利尼西亚和复活节岛的祖先就是从印度那儿迁居来的。但这也仅仅是一个大胆地假设而已。

复活节岛上的两个民族

古时的复活节岛上，曾有两个民族一起生活，和平相处数百年。其中一个民族肤色白皙，相貌奇特，男男女女都把耳垂穿透，坠上很重的东西，人为地将耳朵拉长垂到肩头，他们中有的人头发是红色的，这个民族被叫做长耳人。

另一个民族肤色较黑，不坠耳朵，黑发，被叫做短耳人。长耳人生气勃勃，精力充沛，居于统治地位。他们是杰出的建筑

师，工程师和管理者。短耳人则处于被支配地位，辛勤劳动，帮助长耳人完成各种工程。

长耳人与短耳人的战斗

传说长耳人计划了一个巨大的工程，要把整个复活节岛地面上的石块清除掉，使岛上全部土地都能耕种。这一工程首先在岛上最东部的波伊克高地进行。

长耳人要求短耳人把高地上所有的石块运到悬崖边缘，扔进海里。直至今天，波伊克半岛青草丛生的地面上还是一块石头也没有，而复活节岛其他的地方都覆盖着很多黑色或红色的熔岩堆和熔岩石块。由于长耳人把事情做得太过分了，短耳人终日为他们搬运石头感到十分厌烦，因此决定反抗向长耳人宣战。

长耳人与短耳人起冲突的起因，还有另一种传说：当年住在奥朗戈村的一个长耳人家里，被人发现有30具吃剩下的男孩尸骨。其中有7具是一个短耳人的7个儿子。这个短耳人知道后气疯了，一圈一圈的狂奔，直至累得躺倒在地。他的兄弟们见此情景，拿起武器，杀死了奥朗戈村的长耳人。他们的行动得到了其他短耳人的响应，纷纷加入到追杀长耳人的行列。迫使岛上各地的长耳人都逃上了波伊克高地。

长耳人从岛上各地逃至岛的最东部，在已清除掉石块的波伊克半岛建立起自己的根据地。他们在首领艾寇的指挥下，利用火山熔岩流形成的一条沟壑，修筑了一条长约3000米的壕沟，将波伊克高地与岛的其他部分隔开。他们在壕沟里填满了枝条和树干，使之成为一道长长的干柴堤。

如果下面平原上的短耳人攻打通过高地的斜坡，他们就在壕沟里放火，燃烧起一堵火墙。波伊克半岛如同一个巨大的城堡，

沿海岸是近200米高的悬崖直落大海，地势极其险要。因此，长耳人感到自己十分安全，可以高枕无忧了。

然而，有一个长耳人娶了位短耳人妻子，她名叫莫可平杰，同丈夫一起生活在波伊克高地上。长耳人万万没有想到，这位妇女是个内奸，她与下面平原上的短耳人商定好一个暗号：短耳人只要看见她坐在哪里编筐子，他们就可以从她坐的地方潜入波伊克高地。

一天夜晚，短耳人的探子看见莫可平杰坐在壕沟的一头编筐子。于是，他们便从峭壁边缘她坐着的地方，一个一个悄悄地进入波伊克半岛。沿着高地的外缘，短耳人神不知鬼不觉地包围了波伊克高地。

经过血腥激战，长耳人不是被杀死，就是被烧死在自己挖掘的壕沟里。只有3个长耳人跳过火沟，逃了出来。其中一个人名叫奥罗罗伊纳，另一个人名叫瓦伊，第三个人的名字没有流传下

来。他们逃出来后藏匿在一个洞穴里。

　　不幸的是，他们被短耳人发现了。其中两个人被短耳人用尖利的木桩捅死。短耳人饶了奥罗罗伊纳的命，让他作为唯一幸存的长耳人活下来。他后来与一位短耳人妇女结了婚，生儿育女，代代相传。现在，复活节岛上仍有很多他的后裔，生活在短耳人中间。不过，他们早已不再拉长耳朵了。

延 伸 阅 读

　　考古发掘证明，"长耳人壕沟"中的确燃起过熊熊烈火，但这大火是在396年燃烧的，那时岛上才刚刚有人居住，并且壕沟中也没有留下长耳人死后的遗骸。因此，关于长耳人被烧死在壕沟中的一切说法也就不能成立。

古怪之城未解之谜

两座古城先后被发现

在过去很长一段时间里，美索不达米亚被认为是世界上最早的城市发源地，位于幼法拉底河和底格里斯河之间。4000年前，苏美尔人来到这里定居，并建设了吾珥、乌鲁克、伊里都、拉格西、尼普尔以及其他城市。

然而，在20世纪50年代，《圣经》所记载的耶利哥古城被发

掘出来，考古学家惊异地发现这是一座有着9000年历史的古城。此后，陆续又有其他史前城市出土。

1961年，安卡拉"英国考古学会"另一位考古学家梅拉特，在土耳其发掘到另一个远古城市，其年代为公元前6250年。就是说它也是有着将近9000年的历史，这个城市名为沙塔胡克，这是考古史上又一次重大发现，它震惊了世界考古界。

两座古城隐藏的众多谜团

这两座有着9000年历史的古城属于新石器时代，它们的相继发现，打乱了原来的历史，推翻了关于世界上最早的城市始于苏美尔人的观点。

这两座远古城市遗址中出现的众多谜团，已引起人们的极大兴趣，其中沙塔胡克尤为重要。虽然到目前为止，这座城市的遗址只有部分出土，但它已经成了考古资料的丰硕宝库。

沙塔胡克古城遗址地处土耳其平原中央，海拔900余米，长达

470米，由于只有一部分出土，由此很难计算出原城的大小。据专家推测，这个面积宽广、人口比较稠密的城市或许会有6000人至10000人。

若与苏美尔人建造的那些占地数百亩，居民数万的城市相比，这些新石器时代的城市相对较小。然而建筑技巧却很独特，与以前出土的古代城市几乎完全不同，其城市布局、市民交往方式、城市交通等都为后人留下了千古之谜。

沙塔胡克城奇特的建设布局

几千年来，世界上所有的城市在城外都建有护城墙，城内建有街道，这也是最基本的城市布局。然而沙塔胡克城的面貌截然不同，既没有城墙，也

没有街道，只有建造在一起的一堆房子，屋屋相连。唯一的进出口是房顶上方的开口。所有的房子都是平顶的，居民全靠平台式的房顶来往。房屋都是长方形，非常适合居民的需求。

这样的城市在全世界所有城市中可以说是独一无二的，古代各国典籍中也都没有这样的记载。它的基本构思完全背离了人们常见的古代城市的观念，令人百思不得其解。

为什么要这样设计城市

有的考古学家认为这是由于当地缺乏石料，有人却认为是出于安全需要。因为一旦遇敌人来攻，居民只要把梯子拿开，敌军就难以进入。在沙塔胡克近千年的历史中，没有遭受过劫掠的痕迹，大概这种布局的设计起了很大的作用。

假如是这样，这种城市布局应该很快会被其他城市效仿，为什么没有任何类似的古代城市呢？这样怪异的城市究竟是哪一个民族建造的？如果是当地居民，那么这种城市布局为什么没流传下来？如果是游牧民族，那么该城为什么会存在几千年之久？

考古学家测定沙塔胡克的面积为206亩，而现已出土的仅为18亩。城市出土的起居室已有139间，考古学家鉴定其中40间为神殿或祭室。因为这些房子比别处大，与普通房屋区别很大，房内设计不同，比一般民房讲究，带有明显的祭祀意义。

从沙塔胡克城挖掘的家庭用品显示，城里的居民已开始追求生活所能带来的享受。在这里发现的无数日常用品，品质之佳和手工之精细，可以证明这里的城市生活已带有一定程度的奢华。

从文物中看出，当时的手工业相当繁荣，他们的木器和骨雕有着相当高的水平，石器工艺也达到新石器时代的高峰。

从出土饰品中可以发现，当时的手工匠人所用的石材原料相当广泛，有木材、绿石、燧石、水晶、碧玉等很多矿物。

他们制造陶器，编织羊毛，在出土物品中有最古的衣物，保存完好，前所未见。在墓穴中埋藏的兵器和珠宝饰物、小雕饰和黑曜石造的镜子，说明沙塔胡克的居民已会使用金属。

　　从现有的遗址中，发现有不少地中海产的贝壳，可以证明沙塔胡克曾与南面这些地区有过商业来往。

　　考古学家对这个城市和城市居民的生活，知道的还很少很少。至于为什么这个城市到了公元前5400年被沙塔胡克人放弃使用，有待于考古学家对那沉没地下的古迹进一步挖掘。

　　但这个城市的古老和怪异已引起了全世界的关注，相信在不久的将来，科学家定会解开它的未解之谜。

延 伸 阅 读

　　考古学家发现，从沙塔胡克可望见火山"黑桑山"，黑桑山盛产曜石。这是一种酷似玻璃的火山石，非常名贵，用途很广。大约从公元前6000年起，沙塔胡克城曾与远及塞浦路斯及巴基斯坦等地有过商业来往。

底比斯神奇在哪里

古都底比斯的神奇

底比斯建城于4000多年前，至公元前1555年进入鼎盛期。公元前663年亚述人入侵，城毁。后又经希腊人、罗马人的蹂躏，再加盗贼的挖掘和掠夺，珍贵文物抢掠一空，仅剩若干搬不动的建筑物留在地上。从残存的柱、廊、碑、墙基和墓室，也可以看出

底比斯显赫的历史。

底比斯是古代埃及帝国的中王朝和新王朝的国都，历代帝王辛勤经营了1000多年。城跨尼罗河两岸，东岸是"生者的乐园"，是法老居住的地方，规模壮阔，号称"百门之城"，拥有100座城门，是当时世界最大城市。

城内布满豪华的王宫、阴森的神庙、大臣和奴隶主的府第、外国使节的宾馆、手工作坊、监狱、兵营、奴隶住的地洞、茅舍等。西岸是太阳沉落的地方，"死者的天堂"，历代帝王及其亲属、大臣葬于此，营建了连绵不绝的陵墓群，号称"国王谷"。

古城底比斯历史演变

底比斯是一座充满神奇色彩的古城，它的兴衰是整个古埃及兴衰的一个缩影。

从公元前2134年左右，埃及第十一王朝法老孟苏好代布兴建底比斯作为都城，直至公元前27年，底比斯被一场大地震彻底摧毁时止，在2000多年的漫长岁月里，底比斯在古埃及的发展史上始终起着重要作用。

第十八王朝法老阿蒙霍特普四世大概看到了阿蒙神庙祭司们不断增加的财富所构成的威胁，决定推行宗教改革，底比斯从此衰落了20来年。

第二十一王朝以后，随着底比斯统治集团内部矛盾的不断加剧，加上爱琴海和小亚细亚一带的"海上民族"的不断入侵，新王国日益衰落，底比斯也开始了自己的厄运。

公元前663年左右，入侵埃及的亚述军队再次火烧、洗劫了底比斯。公元前27年，一场地震又使底比斯城里仅存的一些纪念性

建筑物瞬息之间倾塌无遗。

　　至19世纪，只留下一堆废墟的底比斯，成了古墓盗劫者的乐园。在现今埃及的卢克索和卡纳克一带，人们还能见到底比斯遗址的一些断垣残壁。

　　至公元前2000年左右，虽然第十二王朝的开创者门内姆哈特一世曾把首都从底比斯迁到孟菲斯附近的李斯特，但在底比斯仍然为阿蒙神继续兴建纪念性建造物。

　　从公元前1790年至公元前1600年左右，王国遭到了外族喜克索

斯人的入侵。喜克索斯人征服了大半个埃及，最后定都阿瓦利斯，建立了第十五王朝和第十六王朝，底比斯经历了第一次衰落。

埃及人在阿赫摩斯一世的率领下，在底比斯建立了第十七王朝，并在公元前1580年左右攻占了阿瓦利斯城，把喜克索斯人赶出了埃及，开创了古埃及新王国时代。

新王国时期的法老们再次选定底比斯作为埃及的宗教、政治中心。他们发动了一系列侵略战争，掠取了大量财富和战俘，并把底比斯建成为当时世界上最显赫宏伟的都城。他们在东底比斯

为阿蒙神和他们自己建起了一座座壮观的神庙和宫殿。

底比斯在埃及古王国时期，是一个并不出名也不很大的商道中心。通往西奈半岛和彭特的水路，通往努比亚的陆路，都要经过底比斯。底比斯的兴盛是跟阿蒙神联系在一起的，法老孟苏好代布把首都定在底比斯后，又将阿蒙神奉为"诸神之王"，成了全埃及最高的神，从此开始在底比斯为阿蒙神大兴土木，底比斯在古埃及历史上的重要地位就这样被奠定了下来。

建在遗址上的卢克索

底比斯在尼罗河中游，北距开罗700千米，南距阿斯旺200千米，有铁路相连。埃及政府在遗址南半部建了一座小小的城市卢克索，仅有人口40000人，它完全是为了底比斯的游览业而兴建的。

　　入夜，不断变换的各色灯光射向古址，将断廊巨柱烘托得更加雄伟瑰丽。走入古殿，各种声响频频入耳，模拟得十分逼真，再加上形象生动的解说，让游客感觉犹如时间倒退了几千年。

世界现存最大的神庙

　　自卢克索市北上，行进约10000米便可到达卡纳克神庙。它是底比斯城遗址上保存最完整、规模最大的建筑群，经历代帝王持续营建500多年而成。

　　全庙由3座大殿组成，占地33.57万平方米。一条平坦大道直通庙门，路两侧整齐排列着几十尊狮身羊头石像。第二殿和第三殿之间以柱廊相连，那就是埃及电影经常出现的举世瞩目的柱厅。134

根圆柱耸入云天，各高14米至24米。中间最大的12根柱，粗需5人合抱，遍体精美浮雕。每根柱顶的花瓣盘能站立100人。相传这个"连柱厅"是拉美西斯一世在公元前1320年建造的。

综观世界已经发现的古代宗教建筑遗址，卡纳克神庙的规模无疑是最大的。它的全貌已不可能再现，但神庙一方石碑为它作了生动的描述：墙体用精细砂石砌成，通体贴金、路面涂银，所有门道镀上黄金。雕像均用上等的整块花岗岩、砂岩、彩石琢造。正殿有一个金、玉砌成的御座。庙前竖立一排纯金铸成的旗杆。人工河引来尼罗河的水，环庙而流。每当太阳升起，神庙的光芒如同太阳一样灿烂。

在卡纳克神庙以南1000米，有一座较小的卢克索神庙，也是

亏了沙子的掩埋才保存下来的。此庙建于公元前12世纪，100多年前被发掘出来，人们花了两年工夫才使它重见天日。

"国王谷"的陵墓群

西岸"国王谷"峰峰相连，悬崖相对。从第十八王朝开国国王为自己建造第一座陵墓开始，历经500多年，组成世界上少有的王陵群。墓穴依山开凿，高低错落，布满崖坡。已发现国王墓62座，据史载还应该有11座。

墓道中常见这样的文字："你死之后，必将复生，灵不离躯体。你在人世所为，犹如一场梦。"

　　帝王们正是为了这些，将其坟墓建得极其豪华、神秘和隐蔽。墓成之日，即将建陵匠人悉数处死。唯其愈诡秘，越能激发冒险家的贪欲。千百年来，盗墓活动从未停止过，"国王谷"珍宝散失殆尽。

　　幸运的是，1911年发掘到一座从未被人触动过的陵墓，取出国王完好如初的尸体和数不尽的金银财宝。从出土至运往开罗博物馆，整整花了9年时间，那财宝该有多少啊？

　　而这位图但卡芒国王，不过是名毫无作为的傀儡皇帝，20岁便夭折的末代君王，用的竟是黄金棺木、黄金面具、黄金宝座，还有殉葬财宝2000多件。那么，有功有势的国王，墓中宝物不是更多吗？但由于盗墓者长期的窃取，现在开罗博物馆收藏的王陵文物，只不过是"国王谷"财宝沧海中的一粟了。

除去帝王陵外，还有后妃区、大臣贵族区的墓葬群，数来也有四五百座之多。它的规模没有王陵的大，不似王陵那样阴森僵死，更接近凡人的生活。墓室里的壁画充满了生活乐趣，表现了当年吃、喝、玩、乐、舞蹈、谈情说爱、家庭生活和山川田野的情景。

西岸唯一的一座大神庙名叫哈脱舍普苏庙。它的样式独一无二，紧附底比斯山冈，分为3层，极为雄伟。

大殿上的浮雕保存完整，其中有女王出师远征的情景和宫廷种

种争端的场面。女王的装扮也非常奇特，穿男人服装，戴法老的假胡须。这一切都是为了论证哈脱舍普苏女王的合法性。她费尽心机，取得王位，前后执政21年，是埃及古代历史上唯一的女王。

延 伸 阅 读

电影《尼罗河上的惨案》有一个惊险镜头：在一处巨柱林立的古殿回廊里，女主角差一点被柱顶滚下来的石头击毙。这个地方，便是古埃及文明的发祥地——4000年前的都城底比斯。

四千年前的漂亮城市

规模宏大的砖城

当莫亨朱达罗城掩埋在泥沙、荆棘中的时候，人们以为它是无足轻重的坟地。一旦清去覆盖物，还其本来面目后，人们惊讶得说不出话来了。难道4000年前能有这么漂亮的城市吗？

莫亨朱达罗的顶部建筑早已荡然无存，但城基、房基保存完好，街道、水沟历历可辨。遗址总面积7.68平方千米，估计当时有人口约35000人。

　　从遗址可以看出当时的建筑是经过一番设计的。整个城市呈长方形棋盘状，全城分上城和下城。其中，上城是统治者聚居地，建在城堡上。下城是平民百姓的生活所在地，分布有商业区和住宅区，是城市的主体。

城市街道分南北两条街，东西交叉。城内有高塔、宫殿和大厅，这是供领导者阶层所用。城市周围有相应的建筑物，一些房屋内有浴室、水井和容量不小的粮食仓库，还有通风口，城市墙壁用烧砖砌成，这些都表明了当时城市的繁荣景象。

城市主街呈南北和东西十字交叉，宽9.15米。每一棋盘格是一个街区，约长366米，宽275米，其间平房、楼屋罗列，庭园错落，小巷穿插。墙壁都用烧砖砌成，以灰泥缝合。

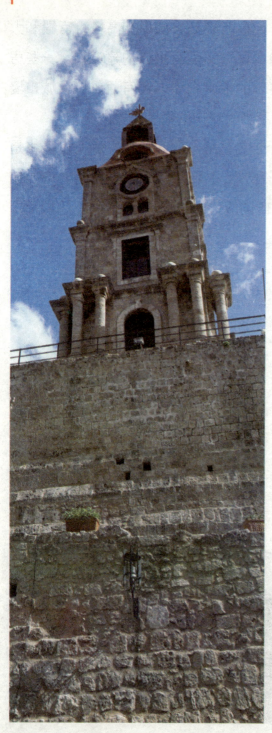

上城是建在9.15米高的人造平台上的城堡，城内有1座高塔，一个带走廊的宫殿，一座有柱子的大厅。还有一个举世闻名的莫亨朱达罗大浴池，面积1063平方米；室内一口浴池长12米，宽7米，深2.5米，用砖砌成，密不漏水。浴池周围有排水沟、水井和相应的建筑物。考古学家认为浴室可能是举行宗教仪式用的。

从出土的文物中，人们可以看到用铜、银制作的武器、塑像、首饰。红色陶器饰着色彩鲜明的圆周围案；浅浮雕的金属印章，上面刻着牛、象、虎、鳄鱼、鹿、山羊和象形文字；奇异的陶涌再现了当时的社会生活，一尊"教王"的塑像，头系发带，面蓄胡须；一个全身赤裸的舞女塑像，佩项链，戴手环，叉腰翘首，俨然不可侵犯。

突然中断的文明

如果现代人能够破译莫亨朱达罗出土文物上的象形文字，它的千古秘密便可大白于天下了。可惜，没有人能够猜出它的含意，只能对古城的兴亡作一些模棱两可的分析。

有些学者推想，一些部落民为了建立更理想的家园，5000年以前从现在的俾路支东迁，跨越沙漠，来到印度河西岸平原定居，从此出现了印度河流域的文明。

肥沃的土地，丰足的水源，产生了发达的灌溉农业，派生了植棉织布业，养羊剪毛纺织业。有了专业分工的工匠和商人，才有可能形成这么大的城市。

据说当时的印度棉花远

近闻名，巴比伦人把棉花叫做信杜，希腊人叫做信顿，都跟今日的信德一音相近，可以作为植棉业鼻祖的佐证。

莫亨朱达罗的文明消失之谜

莫亨朱达罗的文明大约维持了1000年，即公元前2500年至前1500年，历史学称为青铜器时代。对于它的衰落和消失，历来持自然灾害和人为破坏两种看法，但以前者较有说服力。

大约在公元前1700年前后，地球上曾经存在一个地震活跃期，许多城市都在这个时候毁灭了。莫亨朱达罗被大地震毁坏

后，继之暴雨成灾，印度河泛滥，蚊虫成群，瘟疫流行，残城彻底被摧毁，土地不能耕作。莫亨朱达罗的幸存者既然养不活自己，哪有余力重建城市？于是背井离乡，四散逃荒，到别处去另建家园了。

另一种说法，莫亨朱达罗发生内乱，自相残杀，互相削弱，逐渐衰败下去，让外族有了可乘之机，在一次大规模的入侵中被摧毁了。但是，入侵者又是谁呢？

遗址自1922年发掘以来，引起各国历史学家的注意，联合国教

科文组织也组织专家进行考察，一致公认它是全世界已发现的最古老的城市遗址之一。但这里遭受洪水和盐碱的侵蚀，整个遗址岌岌可危，必须立即采取有效措施，才能避免不可挽回的损失。

延 伸 阅 读

　　莫亨朱达罗城遗址是巴基斯坦东南部著名古城遗址，在信德省拉尔卡纳南24千米的印度河右岸。19世纪20年代发掘出公元前2500年至公元前1500年青铜器时期的"印度河谷文明"遗迹，面积8平方千米。附近建有博物馆，展出出土文物多种。

飘香的"月亮城"

"月亮城"在哪里

在注入死海的约旦河口西北约15千米处的巴勒斯坦境内的埃里哈城郊，有一座低于海平面以下约250米的古城，这座古城正好位于耶路撒冷与安曼之间的约旦河河谷中央，这就是驰名世界的最古老城市耶利哥。耶利哥的本意是"月亮城"和"香料城"。

耶利哥地处亚热带，气候干燥，雨水稀少，借着附近的"苏丹泉"和"厄利夏泉"的滋润，才形成一片富饶的绿洲，从而吸引了一批又一批的先民到此安家乐业，繁衍生息。

据《圣经·列王纪下》记载：耶利哥城一度水不清、土不肥。先知以利沙知道后，让居民拿出一只碗来，在里面盛满了盐，然后他将满满的一碗盐撒入井中，从此，耶利哥城水清土肥了。因此有人认为，如果说埃及是受赐予尼罗河的话，那么耶利哥则是受惠于泉水的恩赐。在历史上，这里棕榈茂密，故又有"棕榈城"之称。

以色列人"屠城"

关于耶利哥城，据《圣经》记载，早在约书亚接替摩西成为以色列人的领袖，率领以色列人攻陷并摧毁耶利哥之前，耶利哥就已经存在许多个世纪，并且一直是一座威震迦南的名城，许多东方侵略者在它的铜墙铁壁面前，碰得头破血流，铩羽而归。《圣经·约书亚记》生动描述了约书亚率领以色列人智取耶利哥城的过程。

据载，约书亚率领以色列人从埃及辗转跋涉，到达约旦河东岸时，在什亭安营扎寨，他们举目望去，只见河对岸广阔的棕榈林中，矗立着耶利哥城的一座座碉堡和塔楼，凛然不可侵犯，约书亚久闻耶利哥城固若金汤，未敢贸然进犯。为了摸清耶利哥城的兵力和军事设施情况，他派遣两名以色列军人，乔装成迦南人，混进城中侦察敌情。

当这两个探子完成任务傍晚准备回营时，发现城门已经关闭，他们在城门附近的一家客栈求宿，那家客栈的女主人是个妓

女，名叫喇合，她很机灵，一下就认出这两个人是以色列探子，尽管如此，她还是热情接待了这两位不速之客。

但事不凑巧，两名以色列探子的行踪被一位耶利哥人看见，他立即报告了耶利哥王。耶利哥王听到报告后，立即派守备队前来捉人。妓女喇合将这两名探子藏在房顶上，掩护起来，躲过了搜捕。两名探子由衷地感谢喇合的救命之恩，并起誓，攻陷耶利哥城后，保证喇合及其父母、兄妹的性命。因为喇合的房子紧挨着城墙，喇合帮助探子顺着绳子溜下城墙，这样他们俩人才逃出了耶利哥城。

两名探子平安回营后，向约书亚汇报了所了解的情况。当天夜里，约书亚率领全体以色列军民，在耶和华上帝的神助下，脚

都未湿就渡过了波浪汹涌而又浑浊的约旦河，直逼耶利哥城下，将耶利哥城团团包围起来。

约书亚的围攻战术新颖独特。每天以色列人都走出营盘，在离弓箭石弹射不到的距离，绕耶利哥城走一圈，一连这样搞了6天。被困在城里的耶利哥人都攀上城墙，惊恐地观看以色列人的游行队伍，由于不解其中的奥秘，心里越来越怕，担心大难临头。自从耶利哥城建成以来，从未有哪一帮侵略者行动如此神秘莫测。

到了第七天，约书亚决定对耶利哥发起总攻。清早，他仍旧把军队领出营盘，这回以色列人绕城走了7次，前6次他们跟前6天一样，一声不吭。但走到第七次时，以色列人一听到号角声，就齐声呐喊，喊声震

天动地，城墙随之倒塌，以色列人一拥而上，攻入城中，见人就杀，除了妓女喇合一家外，不分男女老幼，包括牲畜在内，全被斩尽杀绝。最后，以色列人抢掠了城里的金银财物，又纵火焚烧了房屋和其他建筑物，显赫一时的耶利哥城化为一片灰烬。

考古学家的重大发现

19世纪以后，考古学家不断涌来，根据《圣经》的记载来，探寻这座古城遗址。1867年至1870年，欧洲人沃伦率先在耶路撒冷及其周围地区展开了调查发掘工作，但是一无所获。

1907年至1909年，德国东方协会的厄恩斯特·塞林教授揭开了耶利哥城的发掘序幕。1930年至1936年以及1952年至1958年，加斯唐和凯尼扬分别率领一支英国考古队发掘了这座古城遗址，

揭示出从新石器时代直至《圣经·约书亚记》第六章中所描述的毁城时代为止的完整序列，其时间跨度为公元前10000年至公元前2世纪中叶。它不仅在巴勒斯坦，并且在世界历史上也算得是屈指可数的重要遗址之一。

　　耶利哥城掩埋在南北长350米，东西宽150米，高21.5米的巨大人工土丘之下，经过100多年来的考古发掘，虽然迄今尚未发现被以色列人摧毁的耶利哥城遗址，但是英国女考古学家凯瑟琳·凯里扬博士在1952年至1958年的考古发掘过程中，发现了更为古老的城墙遗址。

　　经过对放射性元素碳-14的测定，最早的年代为公元前8000年，史学家认为，以色列人攻打耶利哥之役是发生在公元前1400年至前1250年之间，因此耶利哥城在被以色列人毁灭之前至少已经存在了6500年。这一重大的考古发现使全世界为之震惊和欣喜。

耶利哥城几度兴废

从公元前10000年起，人类就已经在这里定居。在遗址的最底层，考古工作者发掘出土了纳吐夫文化时期的几何形细石器、骨器等遗物，还发现了寺庙建筑遗址。专家们推测，寺庙是以狩猎和采集为主要生活来源的先民们用来祭祀泉水的建筑。

耶利哥遗址的新石器时代居住址占据了第九层至第十七层，第九层出土有陶器，第十层至第十七层不见陶器，俗称"前陶新石器文化层"。在凯尼扬博士命名的"前陶新石器A层"中，长眠着迄今所发现的世界上最古老的城市耶利哥，在这一层中，发现

有直径5米左右的圆形竖穴居室，系由半圆锥体形状的土坯垒砌而成。

城市废墟面积约4公顷，城周围有厚2米，高4米的石砌城墙，城墙最高处超过6米，用雕琢规整的石块垒成。城墙外还发现了一条宽6米多，深2米多的大沟，类似于我国的护城壕。城中建有直径10米，高8米以上的巨大塔楼，塔楼内设有阶梯直通顶端，类似于欧洲中世纪的城堡主垒。

考古学家们推测，当时耶利哥城常住居民人口有2000人，他们从事农业生产，饲养牛、绵羊和猪，掌握了燧石制作工具的技术。这些居民还从事大规模土木工程建设，其组织严密的程度令人称奇。

然而，繁盛一时的耶利哥城在公元前7300年左右突然衰落，此后与此文化系统不同的人从叙利亚一带迁来定居，形成"前陶新石器B层"遗址。新居民用晒干的扁平状土坯建筑较为规整的方形住宅，地面与墙壁抹上一层灰泥，屋内设神龛，城内新建了用于祭祀的建筑物。

最有趣的是，在这一层中发现了一具用灰泥按死者生前面貌复原的头骨，眼睛用贝壳镶嵌，耳鼻酷肖，无疑与时人的祖先崇拜有关。至公元前6000年左右，耶利哥再度废弃，沦为荒丘。

公元前4500年左右，耶利哥重现人类活动的踪影。居民们已会制作陶器，他们居住在竖穴房屋里，具有强烈的游牧民色彩，这些生活在"有陶新石器时代"的先民大约逗留了500年左右，接

着便远徙他乡，另觅新居。

到了公元前3000年左右的青铜时代早期，耶利哥再度兴盛起来。居民们穿岩凿墓，埋葬死者，他们死后盛行多人多次合葬。此外，还筑起城墙。凯尼扬博士称之为"原始都市期"。

英国剑桥大学的著名考古学家格林·丹尼尔在其代表作《考古学150年》中称耶利哥在这一时期才形成一座城市，与凯尼扬博士的观点略有出入。但不管怎样，居民们用干土坯垒砌的城墙在地震和外敌的攻击下，屡废屡兴，最终被阿摩利人的一把大火焚毁殆尽。

在这场浩劫后，耶利哥沦为尚未开化的阿摩利人的宿营地。公元前1900年左右，又一支来自叙利亚的民族占据了这座城市，重建耶利哥城，耶利哥进入中期青铜时代，这是耶利哥最繁荣的

时期，很快，城市高度发展，成为重要的贸易中心。

耶利哥城居民南与埃及人，北与赫梯人，东与美索不达米亚城邦，西与迈锡尼人进行交往，其富饶状况集中反映在这一时期岩穴墓中随葬品的种类和数量上。

地下出土遗物表明，随葬品种类多，数量大，有食物、家具、装饰品、陶器、雪花石膏制的容器、小木箱以及放置食物的桌子等。可是，好景不长，公元前1560年前后，从埃及远道而来的喜克索斯人攻入耶利哥，混乱中，城市毁于大火，化为焦土。

前述《圣经》里记载的约书亚率领以色列人攻占并摧毁耶利哥城，如果这是史实的话，在年代上应当属于这一时期，遗憾的是考古调查和发掘并未能提供任何证据。

如果按历史学家的看法，以色列人攻入耶利哥城是在公元前1400至公元前1250年之间的话，那么，早在以色列人进入迦南之前150年，也就是公元前1560年左右，耶利哥城已是残垣颓壁，满目荒凉了，根本不可能存在以色列人攻陷和血洗耶利哥城的悲壮场面。

因此，史学家们普遍认为，《圣经》的这一段记载纯属虚构，其目的是为了抬高以色列人的地位和声誉。

耶利哥城的重见天日揭开了人类城市发展史的新篇章，它将人类城市的起源从公元前5000年提早至公元前8000年，整整提前了

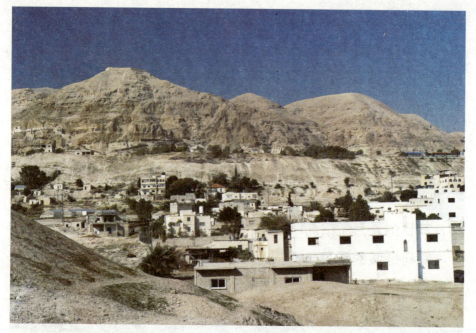

3000年。随着考古调查的进展，我们相信，在世界上许多地方，不管是海底还是陆上，不管是低谷还是山丘，都有可能埋葬着比耶利哥更早的城市，而这些猜想正有待于后继者去发掘。

延 伸 阅 读

　　耶利哥城位于约旦河西，圣经首次提到耶利哥城时，背景是以色列人出埃及，旧约中的耶利哥所以闻名，是因为它是第一个被以色列人攻陷的城池。在罗马帝国衰败后，耶利哥城渐渐地变成古旧残破的回教村落，直至近年，她才重新成为死海西岸的一个重要城市。

克诺索斯迷宫重见天日

克诺索斯文明的发现

克诺索斯是克里特岛上的一座米诺斯文明遗迹，被认为是传说中米诺斯王的王宫。它位于克里特岛的北面，海岸线的中点，是米诺斯时代最为宏伟壮观的遗址，可能是整个文明的政治和文化中心。

1878年，英国考古学家阿瑟·伊文思发现了大批米诺斯遗

迹，和许多刻有使用线形文字的文本的泥板，揭示了米诺斯文明的存在。

其中最为辉煌的米诺斯王宫，其始建于约公元前2100年至公元前1800年间，后几经扩建，占地约13000平方米，围绕着一个1200平方米的中心院落展开成4个翼，上下5层楼，共有1000多间房间。

对克诺索斯的发掘始于1900年3月23日，开挖第一天，民工们就找到了墙和一些工艺品，并且这里的文物埋藏得出乎意料地浅，几乎每一铲下去都有所收获。经过多年的挖掘，米诺斯王宫终于出土。这座王宫就是传说中的南海迷宫的原型。随着发掘的深入，伊文思发现这些遗址并非是孤立的建筑物，它们是一个庞大宫殿的组成部分。

1900年4月5日，伊文思在王宫遗址中发现了一幅壁画，壁画的颜色历经千年依然鲜艳，它描述着一个优雅的黑发人像，这就是传说中这一神秘文明的创造者"米诺斯人"，当时已知使用青铜器与制陶，并影响了爱琴海岛屿和希腊半岛的其他民族，这一文明也被称为"米诺斯文明"。

米诺斯文明消失了

克里特岛面积8336平方千米，是爱琴海最大的岛屿。公元前2600多年前的新石器时代，岛上已有村落，开始孕育了爱琴海的古代文明。公元前2000年前后，克里特岛发展到青铜器全盛时期，以岛北克诺索斯城为中心建立了统治全岛的奴隶制国家。

公元前1700年前后，克诺索斯毁于地震。后人在废墟上重建新城，米诺斯王宫更加宏伟，迷宫名震遐迩。米诺斯文明为希腊大陆文化的繁荣奠定了基础。

可惜，公元前1470年前后桑托林火山的爆发，毁灭了克里特岛的一切。随着岁月的消逝，城市和宫殿的废墟逐渐被泥沙掩埋了。后来移居岛上的居民，不清楚宫殿的位置。倒是一些外国学者从史籍的片言只语中，知道远古有个克诺索斯城，城中有座美丽而神秘的迷宫。这个谜存在了3000多年，以各种神话和民间传说传播于世界各地。

克诺索斯的神话传说

从荷马史诗《奥德赛》描述得知，国王米诺斯统治这片土地，征伐的胜利冲昏了头脑，他变得暴虐专横并且狂妄自大，不再对诸神顶礼膜拜，宙斯决定对他施以惩罚，将他的妻子与公牛私通并生下一个牛首人身的怪物，名为米诺陶洛斯。为了遮丑，米诺斯将他关在一座迷宫中。

后来，米诺斯的儿子安德洛吉亚斯到雅典参加体育竞赛，遭

到雅典国王的嫉妒而被杀害。盛怒之下，米诺斯率领舰队一举攻下雅典，命令雅典人每9年选送7对童男童女供凶残的米诺陶洛斯享用。

第三次进贡时，雅典王子特修斯自告奋勇前去杀死牛怪。公主阿里亚特爱上了英俊勇敢的特修斯，悄悄送给他一把锋利的宝剑和一个线团。经过一番恶战，特修斯终于杀死米诺陶洛斯，依靠线团的指引顺利走出迷宫，带着公主启程回国了。

迷宫在这里

英国考古学家阿瑟·伊万斯在儿童时期听到这个古老的传说后，立志长大时找到迷宫。后来在1878年，他带了一支考察队到克里特岛。经过考证，判定该岛首府伊腊克林南方7000米的克诺索斯地下掩埋着一座古城，并于1900年开始发掘。

经过8年，清出无数浮土，一座宏伟的宫殿展现在人们眼前。其中零散的出土文物，收藏于伊腊克林的考古博物馆内。

米诺斯王宫基本完整，坐落凯夫拉山麓，总面积22000多平方米。主体为两层建筑，低坡地的东宫是4层楼，共拥有大小宫室1700多间。支撑屋面的立柱都用整棵大圆木刨光而成，上下一般粗，极其整齐协调。

1400平方米的长方形中央庭院将东宫和西宫联成一体，各个建筑物以长廊、门厅、复道、阶梯连接。国王宝殿、御寝、后妃居室、贮宝库、亭阁等，巧妙配置。千门百廊，曲巷暗堂，忽分忽合，前堵后通，神机莫测，确实是座名副其实的迷宫。

牛精之说不一定有，但米诺斯王残暴成性，怕人暗算，造一座刺客进不来的王宫供己享用，倒是合乎情理的。据说设计师代达罗斯在工程完毕后，自己也陷入迷津出不去了。

迷宫内的状况

　　迷宫内装饰有的保持原样，有的略加修补复原，让参观者重见3000多年前的辉煌场面。在迷宫核心的国王觐见室，石膏造的御座相当完整。它同现代常见的高背靠椅相差无几。

　　各个宫室和廊道上为数众多的壁画，集中代表了米诺斯文化的水平。几千年前留下的彩绘至今也没用退色，而且色彩相当鲜艳，颜料都是从植物、矿物和骨螺中提炼的，并且在泥壁将干未

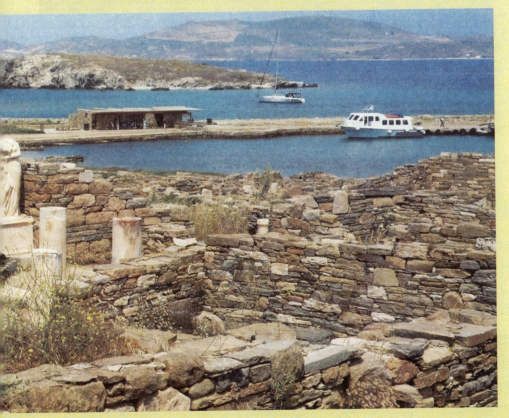

干时挥毫成画，色彩渗入墙壁，故能经久保存。

　　觐见室的壁画是3只鹰头狮身、带有翅膀和蛇尾的怪兽，伏在芦苇中眈眈恶视。据说此怪的头、身、尾分别代表天上、地面、地下的神灵，是克里特人膜拜的图腾。皇后寝宫描绘着舞女和海豚在水中游荡的图画。

　　不少壁画表现米诺斯王的武功和生活情景。中央庭院南侧宫墙的《戴百合花的国王》，图像如真人一般大小，头戴缀有百合花和孔雀羽毛的王冠，头发过肩，脖子上戴着金色百合串成的项链，身着短裙，腰束皮带，风度翩翩地朝前走去。

考古发现活人祭祀的悲剧

　　克诺索斯遗址的发掘工作又有新的进展。在清理一座神庙遗物时，发现3具人体骨骼。第一具的腿被砸断；第二具身长1.8米，仰面躺着，双手捂住脸，左手戴有银质和铁质戒指；第三具身长1.65米，置于供台上，台边有一个盆状盛器，附近有一把不到半千克重的青铜尖刀。

考古学家考证，第一具是祭司的助手，第二具是祭司，第三具是被宰杀供祭的青年，尖刀是宰人的凶器，盆器是接血用的。

人们对这场活祭悲剧作了合理的推测：公元前1700年前后的一天，米诺斯人进行庄严的祭祀仪式，要将活人的鲜血献给上苍，祈求地震灾难远远离去。就在牺牲者血流尽的时候，大难临头，山崩地裂，屋顶猛然坍塌，覆盖了祭祀现场。

在祭祀现场，还发现了许多放置祭品的陶制器皿，当时必定盛着水果、粮食、牛奶、蜜糖、美酒。殿堂正中的木制神像已被焚毁，剩下木炭底座。离祭台较远地方，还有许多杂乱的骨骼，显然是参加仪式的官员和祭司的随从们，还没有跑出庙堂便被砸死了。

　　正是从这些陶器和铜刀，断定了神庙被毁灭的年代，找到了米诺斯时代用活人做祭品的证据。当时，一般祭耙都是用活牲畜，只有大灾难降临时，在绝望的情况下才使用活人。由此可见，公元前1700年前后爱琴海频繁发生大地震是可信的。

延　伸　阅　读

　　　克里特岛位于希腊半岛南边，地理位置与埃及相近，以宫殿为中心发展。荷马记录克里特岛有90座城市，米诺斯原址是最重要的一个。几千年来，如果不是因为克诺索斯的神话传说，它基本上就是一个默默无闻的边缘地带。

空中城市马丘比丘

扣人心弦的石头城

　　1911年7月，美国探险家海勒姆·宾厄，率领耶鲁大学考察队从库斯科出发，目标是寻找西班牙人征服秘鲁之后印加帝国残部退守的一个秘密要塞。结果，要塞没有找到，却意外地发现了

这座荒凉的"空中城市"。

斩除了丛林荒草,揭开了废城上面的面纱,一个依然完整的都市出现在人们面前。这座古城遗址方圆13平方千米,海拔2280米,常年笼罩在云雾之中。乌鲁班巴河自库斯科汹涌而来,切开崖壁,向北归入亚马逊河系。河流的冲击力,造成了垂直600米高的悬崖峭壁。

海拔6264米的萨尔坎太山,戴着皑皑"白帽"俯视着峡谷。悬崖上面的花岗岩台地便是马丘皮克丘故城。

城市一面靠山,三面临河,几乎无路可上。房屋倚山而筑,其中数百幢依然完好,稍为修整便可住人。从布局来看,有太阳

神庙、祭坛、王宫、贵族庭院、平民住宅、作坊、市场。一些房间像迷宫一样交错，走得进去，却转不出来。

石头城建造之精细

所有建筑都以石头砌成，不用灰浆黏合，接合缝连刀片都插不进去。公共建筑的墙石，大者重以吨计，墙基直接凿在岩层上。距离石头城30千米外的采石场遗址可以证明，不少石料是从那里运来的，靠人力和杠杆硬拉上山。

奴隶们用无把的石锤敲打，精心琢磨后，逐层垒砌上去。如果这些房屋的茅草屋顶还在，马丘成克丘也可算是一座漂亮的城市了！

为了养活数万名城市居民，印第安先人在山脊斜坡和后山上开辟了百余层梯田，种植粮食。每层石坡约有3米高，成百米长，一层层的垒叠上去，直抵山巅。每级均凿石沟，引接雪水灌溉。

神秘的拴日石

在古城遗址一个小丘上，有一块硕大无比的石头，呈长方形，表面打磨平滑，棱角齐整，面向东方。考察队最初不知它的用途，后经考古学家考证，方知它是著名的"拴日石"。

印加人认为世间万物都是太阳所赐。在远古时代，每天晨曦初现，印加人便面对巍峨的安第斯山峰，迎接初升的太阳，顶礼膜拜。黄昏，又依依惜别目送夕阳没入大海。

　　他们渴望太阳不落，永远照耀大地。于是，齐心协力在马丘皮克丘建筑了拴日台，树立了拴日石，在石上系条碗口粗的绳索，企图将太阳拴在石头上。

　　这块拴日石还是一部特殊的天文日历。印加人通过日影的

变化来确定季节，编制日历，据以农作。每年新年从6月21日开始，一年分12个月，每月30天；每年另加5天，每4年另加6天。新年的冬至和12月的夏至，是印加帝国最重要的两次祭典，都是拜祭太阳神的节日。

难解的谜

自从"空中城市"发现以来，人们用各种理由来解释它的存在和消亡。

第一个发现者宾厄说，古城的神庙都是配备3扇窗，它同其他印加遗址不同，因而可能是印加帝国缔造者、第一代国王曼科·卡帕克的出生地。

有些学者判断马丘皮克丘是"太阳圣女之城"。他们说，这个城市的居民中，妇女比男人多两倍。这些女性因为容貌佳丽，被选为太阳的圣女，从全国集中来此，过着隐居的生活。由于"金城藏娇"，必须严守秘密，以致广大臣民都不知道这座城市的存在。

这座城市的历史显然不会晚于库斯科，肯定在西班牙人攻陷库斯科之前很久就放弃了。那么它是何时建造的？它为什么目的而建造？它是印加帝国的发祥地吗？当时的统治者又是在什么情况下放弃这座城市？

古代生产力极其落后，要供养一座城市几万人口的衣食实在不容易，一遇天灾便无招架之功，只能四散逃亡。马丘皮克丘不是遭遇自然灾害，

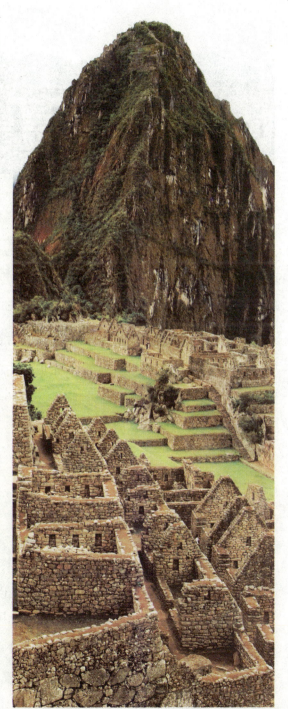

便是遭到凶残的丛林部落的进攻，更可能是统治者之间的内讧火并，或是奴隶们起来造反，以致居民大部死亡，城被废弃。

特别令人惊讶的是，杀人如麻、掠劫成性、到处追逐黄金的西班牙殖民者，竟然没有发现这么大的一座城市。

延 伸 阅 读

自库斯科向西北行，一条窄轨铁路沿高山峡谷延伸，约80千米抵达终点站马丘皮克丘。在悬崖绝壁之上，一个名副其实的"空中城市"隐藏在花岗岩河谷中，每天有数以百计的国内外游客前往探胜猎奇。

史前文明的彩陶纹饰

画在陶器上的纹饰

追溯绘画的渊源，首先会想到史前时期那些画在陶器上的纹饰。正是由于器表绘有精美的纹饰，考古学家把这些陶器叫做彩陶。这些彩陶制作的年代在大约距今3000年至5000年间。它们主要分布在黄河流域，最集中的地区是青海、甘肃、陕西南部和河

南北部。

图案类的纹饰数量很大，种类也非常多。常见的有水波纹、旋转纹、圈纹、锯齿纹、网纹等10多种。线条画得规整流畅，图案的组织讲究对称、均衡、变化，疏密得体，并有一定的程式和规则。在甘肃省马家窑一带发现的被称之为马家窑类型的彩陶上，大都描绘水波纹、旋转纹图案。这些图案匀称、流畅，十分精彩，看上去有行云流水之感，使人觉得轻松活泼，平和而亲切。

图案反映的生活

面对这些5000年前的历史遗存，我们很容易想象到历史中讲述的原始氏族社会的情景：男人耕作、狩猎、捕鱼，女人从事家务或采集。没有剥削，没有奴役，一幅平等和谐的社会景象。稍晚于此的半山类型和马场类型彩陶的纹饰则发生了变化，那些锯齿纹、四大圈纹以及蛙纹等显得大起大落，粗犷狞厉，甚至怪诞神秘。当时原始社会行将解体，社会发生变革、战乱、动荡等不安的情绪也在图案中流露出来。由彩陶纹图案所引发的联想并不是浪漫主义的主观臆想，而是在历代图案和图画中，都会或隐或显地折射出当时社会风貌的基调和时代的主要精神。这一点，在以后不同时代的美术中我们还会看到。

那些彩陶纹饰更令人瞩目。在西安半坡村遗址发掘出的彩陶上的动物纹虽然非常简练，但表现得很生动：自由自在地游动着的鱼、奔跑的鹿、站立吠叫的狗，等等。从中显示了远古艺术家捕捉动物瞬间特点的才能。在青海省大通县上孙家寨的一个陶盆上，画着5个跳舞的人，手牵手连成一排，既是一幅描绘舞蹈的图画，又是一个适应纹样的图案。

半坡时期的彩陶

半坡类型发现于西安半

坡遗址，遗址有早晚期的区别。代表性陶器有大口、圜底陶钵，大口、圜底陶盆，折腹陶盆，细长颈陶壶，小口、深腹尖底瓶、陶罐和陶瓮等。器表装饰有绳纹、线纹，弦纹与锥刺纹，分菱形、三角形、麦粒形。

半坡类型的彩陶中多用黑彩绘制的带条纹、三角纹、波折纹、网纹、人面纹、鱼纹、鹿纹与蛙纹等。也有在陶器的内壁进行彩绘，这在仰韶文化类型的彩陶中少见。

在半坡等地的彩陶钵口沿黑宽带纹上，还发现有50多种刻画符号，可能具有原始文字的性质。

人面鱼纹彩陶盆多作为儿童瓮棺的棺盖来使用，是一种特制的葬具。陶盆泥质红陶烧成，盆内壁画人面纹和鱼纹各两个，相间排列，题材新颖，形象生动，反映了半坡类型彩陶常以鱼纹装

饰陶器的特点。

彩陶是在陶器表面以红黑赭白等色作画后烧成，彩画永不掉落。此盆由细泥红陶制成，敞口卷唇，盆内壁用黑彩绘出两组对称的人面鱼纹。

人面概括成圆形，额的左半部涂成黑色，右半部为黑色半弧形，可能是当时的文面习俗。眼睛细而平直，鼻梁挺直，神态安详，嘴旁分置两个变形鱼纹，鱼头与人嘴外廓重

合，加上两耳旁相对的两条小鱼，构成形象奇特的人鱼合体。

表现出丰富的想象力，人头顶的尖状角形物，可能是发髻，加上鱼鳍形的装饰，显得威武华丽。

盆上的人与鱼题材，可能与古代半坡人的图腾崇拜和经济生活有关。这种鱼纹装饰正是他们生活的写照，也象征着人们期盼富足的美好愿望。

人面由人鱼合体而成，人头装束奇特，像是进行某种宗教活动的化妆形象，具有巫师的身份特征。而稍作变形的鱼纹很可能代表了"鱼神"的形象，因此这类图画一般被认为象征着巫师请鱼神附体，表达出人们以鱼为图腾的崇拜主题。

古代半坡人在许多陶盆上都画有鱼纹和网纹图案，这应与当时的图腾崇拜和经济生活有关，半坡人在河谷阶地营建聚落，过着以农业生产为主的定居生活，兼营采集和渔猎，这种鱼纹装饰是他们生活的写照。此时期的纹饰多以鱼纹、水波纹为主，兽纹、植物较为少见。

马家窑文化的彩陶

马家窑文化在甘肃省临洮县马家窑村古文化遗址发现，是一种受关中地区仰韶文化影响发展起来的新石器时期文化，它的陶器形制特征近似仰韶文化。

根据马家窑文化彩陶的纹样，可以区分为马家窑类型、半山类型和马厂类型。

马家窑类型彩陶制作精细，以黑色彩绘较多。彩陶纹样有条带纹、圆点纹、弧纹、波纹、方格纹、垂幛纹、线纹、人面纹、蛙纹和舞蹈纹等。

半山类型彩陶也以黑彩为主，但兼有少量红彩，构图复杂，纹样有螺旋纹、菱形纹、圆圈纹、葫芦形纹、三角纹、编织纹、连弧纹、网纹和锯齿纹等。

马厂类型彩陶纹样较粗糙，有在红色陶衣上面施用红、黑二色绘制的彩陶。纹饰有人形纹、目形纹、云雷纹、三角纹、方框纹与蛙纹等。

　　马家窑文化以彩陶器为代表，它的器型丰富多姿，图案极富于变化和绚丽多彩，是世界彩陶发展史上无与伦比的奇观，是人类远古先民创造的最灿烂的文化，是彩陶艺术发展的顶峰。它不仅是工业文明、农业文明的源头，同时它源远流长地孕育了我国文化艺术的起源与发展。

　　马家窑文化的彩陶，早期以纯黑彩绘花纹为主；中期使用纯黑彩和黑、红二彩相间绘制花纹；晚期多以黑、红二彩并用绘制花纹。马家窑文化的制陶工艺已开始使用慢轮修坯。并利用转轮绘制

同心圆纹、弦纹和平行线等纹饰，表现出了娴熟的绘画技巧。

马家窑蛙纹彩陶向人们揭示了蛙纹出现、变化，最终发展成雏形龙图案的演绎过程，而整个演绎过程与先民避免和战胜水患的愿望有着直接的联系。马家窑文化彩陶画可以证明，中华龙的形成起源于蛙纹。

还有一件彩陶盆，最上层有10个亮圆，代表了古时候天上有10个太阳，中间有9个，代表被后羿射掉了9个。最中间一个，代表了还剩一个太阳，每个太阳的中间都有一只鸟头，代表了太阳鸟也就是金乌，证明了后羿射日的传说确实很早就有了。

延 伸 阅 读

　　彩陶也是我国原始社会中卓越的工艺创造。我国考古学家在河南省西部渑池县仰韶村发现了我国第一批彩陶，揭开了中华史前文明神秘的面纱。考古学的历史上从此出现了一个专有名称："仰韶文化"。

三叶虫上的足迹是谁的

一个完整的脚印

1968年的一个夏天，一位美国的化石专家在位于犹他州附近，也是以三叶虫化石闻名的羚羊泉敲开了一片化石。这一敲不但松动了100多年以来现代人类所笃信的进化论，更替人类发展

史研究敲开了另一扇门。

　　这位名叫威廉·米斯特的美国人在敲开这片化石之后，赫然发现一个完整的鞋印就踩在一只三叶虫上，这个鞋印长约0.26米，宽0.089米。从鞋印后跟部分下凹0.015米来看，这应该是一双和现代人类所穿的便鞋类似的鞋子，也就是说这只鞋子的主人生活在一个有一定文明下的环境中。

　　令人纳闷的是，三叶虫是一种生长于6亿年前至2亿多年前的生物，换句话说，在这久远的历史时期之前，是不是有着和我们一样的人类文明存在？

远古的纸卷筒遗迹

　　早在19世纪，1822年的《美国科学杂志》卷五上，就清楚地描述了由法国探险家在圣路易斯南，密西西比河沿岸所发现的一连串脚印，每一个脚印都清晰的显示人类脚掌底部的肌肉曲线。

就在同一地点还发现有一道很深的压痕，长0.6米，深0.3米，似乎是由卷轴或纸卷筒所形成的，而这两个遗迹都是存在于距今有3.45亿年前的密西西比纪石灰石上。

这样的考古发现告诉我们在上亿年前除了有人类存在的可能性之外，当时的人很可能也具有造纸技术等文明。

又一个更为有趣的发现

1927年，一位美国地质学家在美国内华达州的一个峡谷内，发现一块带鞋印的化石。这个化石是由于鞋跟离开地面时所带起的泥土造成的，鞋印的保存出奇的好，并且这块化石是年代可以追溯至2.25亿年前的三叠纪石灰石。

不过当近期科学家以显微

摄影重现这个遗迹时，才发现鞋跟的皮革由双线缝合而成，两线平行延伸，而这样的制鞋技术在1927年是没有的。

加州奥克兰考古博物馆荣誉馆长针对这个化石下了这样的结论："地球上今天的人类尚不能缝制那样的鞋。面对这样的证据，即在类人猿尚未开化的亿万年前，地球上已存在具有高度智慧的人类……"

而我国一位著名的化石专家海涛在新疆的红山也发现了奇特的类似人类鞋印的化石，距今约2.7亿年。鞋印的印迹全长0.26米，前宽后窄，并有双重缝印。鞋印左侧较右侧清晰，印迹凹陷，内呈中间浅两端深，形态酷似人类左脚鞋印。

由于这个脚印与美国峡谷发现相似，被人称为新疆的"奥帕茨之谜"，意为不符合那一地层时代的出土物。这种奥帕茨现象预示着地球上生命、文明演化轮回可能性的存在。

恐龙化石脚印

恐龙足迹发现于1970年，地点在美国俄克拉荷马州的克里佐山谷，年代介于1.55亿年至1亿年之间。其中一个鞋印前后距离还长达0.508米，左右宽约0.23米，而在离这些鞋印不远处竟有几个恐龙脚印。

这样大的脚印也在其他地方被发现，如美国的弗吉尼亚州发现的长0.36米的脚印以及在堪萨斯州巴克斯塔矿区砂岩中发现的巨型足迹，长约0.9米等。这些脚印的尺寸都远大于我们现代人的脚印，并且年代都在一亿年以上。

这几个脚印化石，一下子把人类存在的可能性拉到上亿年前，强力地撼动了进化论的框架。不过更令科学界感到讶异的是一些有上亿年历史的科技产物的出土，这些遗迹向我们透露了当时人们丰富的生活经验。

到底是谁的脚印

1968年7月，地质学名家伯狄克博士亲往羚羊泉考察，又发现了一个小孩的脚印。1968年8月又在含有三叶虫化石的同一块岩石中发现了两个穿鞋子的人类足迹。

人类的这些发现是对传统地质学的严重挑战。犹他州大学地球科学博物科学家说，那时候地球上没有人类，也没有可以造成近似人类脚印的猴子、熊或大懒兽，那么，在连脊椎动物也未演化出来之前，有什么似人的动物会在这个星球上行走呢？我们期待谜底的揭晓。

墨西哥史前人类脚印争议

2005年7月，英国利物浦约翰·摩斯大学的地质考古学家西尔维亚·冈扎利兹和同事宣布，在墨西哥中部火山岩中发现的269个化石脚印，是40000年前的原始人和动物所留下来的。

这些原始人脚印是在墨西哥城东南部塞罗·托路奎拉火山附近的一个废弃采石场底部发现的，以冈扎利兹为首的英国专家小组花了近两年时间来测定这些脚印的年代。

英国科学家的说法在科学界引发了剧烈的争议，因为根据传统的理论，原始人类是在大约11000年前经过白令陆桥抵达美洲大陆的，英国科学家的发现证明，事实上原始人抵达美洲的时间比以前想象的还要早上至少30000年。

然而日前，美国伯克利市加利福尼亚大学地质考古学家保罗·里尼在《自然》杂志上发表的一篇文章中宣称，他通过最新的方法，对发现原始人脚印的火山石进行了9次分析，结果证明这些所谓的脚印事实上具有130万年的历史。

里尼对9个火山岩石样本进行了定年测试，发现它们的年代从126万年至147万年不等，这意味着那些"脚印"也应该具有130万年左右的历史，它比非洲出现最早人类祖先的年代还要早上100多万年左右。

里尼和同事们认为，在非洲人出现100万年前，美洲大陆上就有人类的足迹，这种可能性是非常渺茫的，因此里尼断定，墨西哥火山岩化石上的脚印状印痕，并非人类所留。

里尼的研究在科学界引发了强烈的怀疑，伦敦自然历史博物馆人类起源部负责人克里斯·斯特里格说道："一些专家开始怀疑，这些脚印到底是否真是人类留下的。这一问题目前存在着很大的争议。"

延伸阅读

三叶虫是一种细小的海洋无脊椎动物，与虾、蟹是同类。它们出现在6亿年前的地球上，而在2.6亿年前灭绝了。按照进化论思维，那时根本没有人类，并且人类穿上鞋子的历史最多只有三四千年。

阿卡华林卡神秘的脚印

人类遗迹被发现

马那瓜是中美洲国家尼加拉瓜的首都，北面有一个面积五六百平方千米的大湖——马那瓜湖。湖的南面有一个叫做阿卡

华林卡的地方，它从一个被人遗忘的穷乡僻壤变为当今尼加拉瓜的旅游胜地，完全是得益于这里发现的一处古人类足迹遗址。

1878年的一天，居住在这里的美国医生厄尔·普利特，无意中在雨水冲刷的深沟里，发现一块浅灰色的光石板上，清晰地嵌印着几个古人留下的脚印。他将重大发现公布于世后没有激起多大反响和引起学术界的注意。

厄尔·普利特为了保护这一小块藏有印痕的土地，花钱把它买了下来，圈上一道围墙，以免现场遭到破坏。是非之争年复一年，动物学家、人类学家断断续续地仍在研究。

直至1941年，美国华盛顿的卡内基博物馆的考古学家，来到

阿卡华林卡，对医生发现的人类脚迹进行了发掘，然后在发掘的现场，修建了一座大棚，严加保护。

保护阿卡华林卡脚印

尼加拉瓜人把这些古代人留下的足迹称为阿卡华林卡脚印。为保护这些罕见的古人遗迹，人们便在遗迹上面修建了一座大棚。大棚下面挖了两个大坑，坑深约2米至3米，坑底是平整光滑的石头地面，石头上印有一行行脚印。

这些脚印大小深浅不一，浅的像是在一块松软、潮湿的泥土上行走时留下的，每个脚趾都清晰可辨。深的则连脚踝都陷了进去，好像在一块烂泥地上行走时留下的。根据鉴定，这处古人遗迹距今大约已有6000年历史，却仍很清晰，仿佛是不久前刚踩上去的一样。

脚印是怎样形成的

考古工作者和科学家们在对阿卡华林卡及其周围地形进行了详尽周密的考察和分析研究后，发现这里正地处尼加拉瓜火山最集中的地区，南面由火山爆发而形成的火山湖泊就有3个，世界著名的也是美洲大陆唯一终年保持熔岩液态的马萨亚火山就在阿卡华林卡东北面，那是一片火山洼地，面积54平方千米。

马萨亚火山海拔615米，顶峰的圣地亚哥火山口常年沸腾，金色熔岩"噼啪"作响地翻滚，最高温度达1000多度。马萨亚火山

旁边还有一座活火山。因此，几千年来这里的火山喷发几乎一直在进行着。

科学家们推断，很可能在哪次火山突然喷发的时候，人们正在睡梦中，或在田野里劳动，没有丝毫防备，也来不及逃避，只得等到火山喷发间歇时找个场所躲避一下，这些脚印正是被惊吓的人们在逃离火山喷发现场时留在硬化过程中的熔岩上的。

熔岩的凝结和硬化过程非常快，从滚烫的岩浆化为冷却的岩石仅需要几小时的工夫。不过人们又看到，当火山喷发出岩浆后

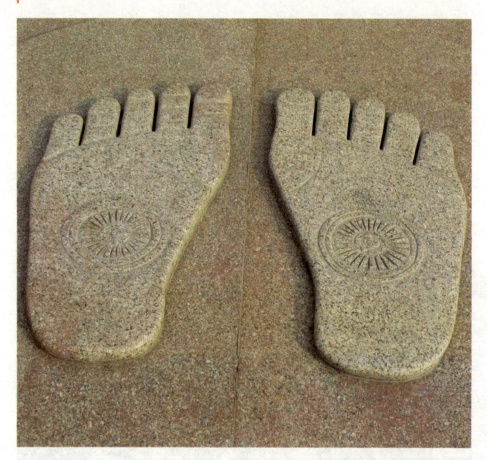

还有大量火山灰从火山口喷射出来，火山灰犹如厚厚一层石棉盖在熔岩上，起了隔热的作用，同时又使人能在火山灰上行走时在正在硬化的熔岩上留下清晰的脚印。

用实验验证推断

美国的科学家和考古工作者为了证实这个推断的正确，在1915年加利福尼亚拉森火山爆发的现场作了上述的试验，结果正是如此。此外，从阿卡华林卡周围的地理位置看，当时要逃的话，只能朝北面的马那瓜湖方向，而那些古人类脚印正是朝着波光粼粼的马那瓜湖湖边延伸过去的。

另外一部分专家、学者不同意上述看法，他们提出，当一个人遇到危险，处在岌岌可危境地时，头脑里第一个闪念就是想方设法尽快脱离虎口，因此这时他一定会使尽解数拼命奔跑。

　　人们看到的足迹却是，脚印间距离很短，这是人在慢慢悠悠地行走时留下的足印，而不是遇险奔跑时留下的，何况有的脚印还踩得很深，似乎连脚跟到脚踝都深深陷进了泥土里，这只有在负重情况下才会这样，难道这些人在逃离时还身驮着许多东西不成？这实在使人难以理解和相信。

　　阿卡华林卡脚印至今仍被一层神秘的迷雾笼罩着，人们带着疑团前来参观，但直至离开时仍对这些稀奇的脚印充满了疑惑和不尽的遐想，也许有那么一天，能够拨开迷雾见真相，也许将永远成为一个不能解开的谜。

延 伸 阅 读

　　因为古人类足迹遗址的发现，使得尼加拉瓜阿卡华林卡变得热闹非凡。慕名而来的游客络绎不绝，后来尼加拉瓜政府把它辟为全国重点文物保护单位，凡前往参观者均必须事先征得文化部同意，方可一睹为快。